ORIGINES HISTORIQUES

DE LA FAMILLE

DU CHASTEL ᴅɪᴛᴇ DE BLANGERVAL

ET

DES SIRES DE VILLERS ᴇɴ ARTOIS

ÉTUDE CRITIQUE

PAR

L'auteur de l'*Histoire du Comté de Harnes en Artois*

PREMIÈRE PARTIE

BOULOGNE-SUR-MER

Imprimerie Typographique et Lithographique SIMONNAIRE & Cie

5, rue des Religieuses-Anglaises, 5

—

1884

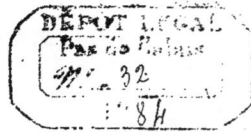

ORIGINES HISTORIQUES

DE LA FAMILLE

DU CHASTEL DITE DE BLANGERVAL

ET

DES SIRES DE VILLERS EN ARTOIS

ORIGINES HISTORIQUES

DE LA FAMILLE

DU CHASTEL DITE DE BLANGERVAL

ET

DES SIRES DE VILLERS EN ARTOIS

ÉTUDE CRITIQUE

PAR

L'auteur de l'*Histoire du Comté de Harnes en Artois*.

PREMIÈRE PARTIE

BOULOGNE-SUR-MER

Imprimerie Typographique et Lithographique SIMONNAIRE & Cie

5, rue des Religieuses-Anglaises, 5

1884

ORIGINES HISTORIQUES

DE LA FAMILLE

DU CHASTEL DITE DE BLANGERVAL

ET DES

SIRES DE VILLERS EN ARTOIS

AVANT-PROPOS

Les DU CHASTEL connus, en 1550, au plus tôt, sous qua-
lification de seigneurs de Blangerval en Artois, ont eu, en
Belgique, quatre historiens généalogistes: premièrement,
dom Philippe D'ASSIGNIES, moine de l'abbaye de Cambron
près d'Ath, vivant dans la seconde moitié du XVIIe siècle,
reconnu et déclaré par l'un de ses continuateurs (GOETHALS),
pour l'auteur de la première partie de cette histoire généalogique; deuxièmement, un certain P. DE WALDENCOURT,
vivant à la même époque; troisièmement, le héraut d'armes
VAN BERCKEL, officier dont la fonction consistait à signifier les cartels, à dresser des généalogies, à publier la
célébration des fêtes, à déclarer la guerre ou annoncer la
paix; quatrièmement, M. F. V. GOETHALS, bibliothécaire
de la ville de Bruxelles, auteur du *Dictionnaire généalogique,* du *Miroir des notabilités nobiliaires,* de la *Généalogie de la maison de Wavrin,* etc., etc., lequel dit, à la
page 207 du tome XVI de la première série des *Annales de*

l'Académie d'archéologie de Belgique pour 1859 : « La
» partie la plus ancienne de la famille *du Chastel de*
» *Blangerval* est dûe au génie du moine Philippe *d'Assi-*
» *gnies*. Cette œuvre curieuse a été revue et augmentée
» par le héraut d'armes *van Berckel*. Nous avons cru
» devoir la respecter, et nous nous sommes bornés à la
» compléter d'après des documents certains. »

Je crois, que pour être juste, il faut comprendre, en
cette liste, un sieur DE VILLERS, chanoine et archidiacre
de l'église Notre-Dame de Tournai, auteur de *Mémoires*
généalogiques des maisons nobles d'Artois. J'ai cru, un
moment, que ses manuscrits existaient encore et que l'un
d'eux faisait partie du fonds GOETHALS à la bibliothèque
royale de Bruxelles, sous le nᵒ 924 spécialement appliqué
à un nobiliaire du Tournaisis; mais j'ai appris, avec regret,
que ce nᵒ 924 n'était qu'un bref extrait des œuvres de DE
VILLERS, dont les manuscrits originaux ont disparu lors
du pillage de la bibliothèque de Tournai attribué au célèbre
TIMOLA, agent (m'a-t-on dit) de la première République
Française. C'est pourtant ce généalogiste ignoré qui doit
être le créateur de cette partie la plus ancienne de la généalogie des DU CHASTEL DE BLANGERVAL à laquelle je
consacre la présente brochure. On l'y trouve cité dès la
pose des premiers jalons dans les premiers siècles féodaux
les plus obscurs et les plus hypothétiques, tandis que le
témoignage du moine D'ASSIGNIES n'est invoqué, pour la
première fois, qu'en 1357, ce qui est loin d'accréditer les
assertions de M. GOETHALS. En ce qui regarde la révision
et les additions par VAN BERCKEL, la trace en est si effacée
qu'il faut la chercher au microscope. Cette généalogie, très
apparemment, n'existait que par tronçons, quand DE
WALDENCOURT les réunit, vers la huitième décade du
XVIIᵉ siècle, à ce qui devait être son œuvre personnelle.
Il dut agencer le tout et en fut émerveillé; c'est ce qui
perce dans sa dédicace à Jérosme-Philippe DU CHASTEL,

comte de Blangerval, seigneur de Marconnelle, Noyelles
(lez-Vermelles), Labourse, Annequin, Vermelles, Rol-
leghem, gouverneur, grand bailli, capitaine et châtelain
d'Audenarde, marié, dès 1666, à Louise DE BELLEFORIÈRE,
fille d'Alexandre, comte DE BELLEFORIÈRE et baron de
Sailly (la Bourse), et le 18 mars 1673, à Marie-Anne-
Michelle *de Gand*, dite *Villain*. Sous le rapport de l'illus-
tration des noms, par ces deux alliances, Jérosme-Philippe
éclipsait jusqu'à celles contractées par son cinquième et
son huitième aïeul, mais il dut postuler la seconde pendant
sept ans, et n'y parvint, très vraisemblablement, qu'à l'aide
d'un arbre généalogique de sa race, vraie ou supposée.
Voilà la cause du grand labeur de WALDENCOURT qu'il
raconte en ces termes :

« A Monsieur le comte *de Blangelval*. — Voicy, Monsieur,
» vos ayeulx revestus de leur ancienne gloire. Ils estoient ense-
» velis dans le noir tombeau de l'Oubly, j'ay creusé jusques dans
» leurs monumens pour les entirer dehors et les faire revivre
» immortement. Vrayment c'est un advantage peu commun de
» prouver son origine de passé six siècles. Ceey n'appartient qu'à
» la Noblesse très-illustre et ancienne, vous pouvez vous vanter
» Monsieur que c'est advantage vous touche, puisque ce brave
» Elbéron, seigneur du Chastel en Ardenne, qui vivoit du temps
» de l'Empereur Henry DE BAVIÈRE, vous recognoit pour son
» vray descendant et successeur. Je suis esté ravy, Monsieur, de
» vous pouvoir faire voir cette vérité et vous rendre ce service
» important. Et afin qu'il vous fust plus agréable, il n'y a pas de
» livre généalogique que je croyois devoir traicter de votre Mai-
» son où que je n'aye soigneusement fœuilleté, d'autant que j'ay
» voulu fonder cette pièce sur des tesmoignages certains et irré-
» fragables comme elle vous descouvrira assez clairement, et les
» peines que j'ay prins, estant remplie comme elle est des marques
» de mon zèle pour vos interestz, et de la passion avec laquelle
» je suis, votre très-humble, etc.   P. DE WALDENCOURT. »

Cette œuvre, fruit des efforts d'un seul ou de plusieurs,
avait un vice originel qui l'empêchait de naître à la publi-

cité; s'il en eût été autrement, son auteur l'eût fait éclore ailleurs que sur une pancarte manuscrite sur parchemin pour un usage déterminé. Il est permis de penser qu'on la savait vulnérable en maints endroits, et, comme telle, qu'on cachait son existence. Cependant, M. GOETHALS, après un examen probable qui lui a commandé son respect et quelques légères additions, se décida à en enrichir la science. Jusque-là, un seul auteur, l'anonyme des *Généalogies de quelques familles des Pays-Bas* (Amsterdam, 1774), avait traité des *du Chastel de Blangerval* en ne les commençant qu'à la fin du XVIe siècle. La pancarte WALDENCOURT reportait leur origine jusqu'au Xe. Cette hardiesse plut apparemment à M. GOETHALS, puisqu'il s'y est associé là et surtout le reste ; cependant le perfectionnement dont il se prévaut, n'existe pas, attendu que son travail ressemble en tous points à celui de WALDENCOURT, hormis les archaïsmes de celui-ci. Comme ils sont, aujourd'hui, solidaires l'un pour l'autre de cette origine qu'ils ont rendue publique, je viens à mon tour prouver de quoi Jérosme-Philippe *du Chastel* peut se vanter.

Je reproduis d'abord, textuellement, chaque paragraphe de WALDENCOURT ou de GOETHALS, puisque c'est tout un ou à peu près; en dessous, je le commente.

ÉTUDE CRITIQUE

« I. ELBÉRON, ou EBÉRON, seigneur du Chastel en Ardenne
» par la donnation que luy en fit Henry *de Luxembourg*, comte
» d'Ardenne, pour les bons services qui luy avoit rendus en la
» guerre qu'il eut contre l'empereur Henry *de Bavière*, dit le
» Boiteux, son beau-frère, l'an 1009 A laquelle donnation furent
» tesmoings Théodoric, évesque de Metz ; Adalbéron *de Luxem-*
» *bourg*, prévost de Saint-Paulin de Trèves, et Hugues, seigneur
» *de Villersy*. En ce lieu de Chastel, Elbéron y fit bastir un
» fort chasteau sur la crupe d'une montagne au pied de laquelle
» passoit une petite rivière qui se rend en la Meuse proche de
» Logny, et à cause de ce nouveau bastiment, ce lieu fut, du
» depuis, appelé, par les habitants, Neufchastel. Mais autre
» Henry, de la maison *de Limbourg*, comte de Luxembourg,
» ayant sanglante guerre contre Thibaut, 2e du nom, comte *de*
» *Bar*, pour la terre et chasteau de *Liney*, ledit chasteau appellé,
» comme dit est, Neufchastel, fut entièrement rasé et destruit
» l'an 1266, après que ledit Henry eut perdu la bataille proche de
» Pigny et qu'il fut prins prisonnier selon qu'escrit Aventinus,
» en sa *Chronique des comtes d'Ardenne*. Jean, sieur *de*
» *Joinville*, parle aussy de cette destruction et guerre et adjoute
» que le susdit Elbéron descendoit des sieurs d'Arville, lez-
» Saint-Hubert, et qu'il eut à femme, Judith, fille au seigneur
» *d'Argeny*, et en eut Godefroi, qui suit. »

Le prénom Elbéron, ou Ebéron, déjà en vogue dans
les Ardennes au commencement du XIe siècle, doit être

un diminutif d'Elbert, ou Ebert, n'apparaissant en Artois, province moins précoce à cet égard, qu'à la fin du XII seulement, où, plus tard, il fait Albert et, par augment, Adalbert. — Elbéron, donc, devient seigneur d'un domaine nommé Chastel en Ardennes à cause d'un château y existant, par une donation d'Henri *de Luxembourg* de l'an 1009. Un diplôme à cette date, clef de voûte de l'édifice historique, n'aurait pas nui au premier rang des pièces justificatives. Il enlevait immédiatement la confiance du lecteur sur la chronologie de la guerre, sur l'identité des deux adversaires, sur le donateur, sur le donataire et, aussi, peut-être, un peu, sur ses services, sur Chastel, sur les témoins et leurs qualifications, en particulier sur le sire *de Villersy,* un *de Villers* prématuré d'Ardennes. Elbéron, créé seigneur de Chastel, prend le nom de *du Chastel,* puis il fait bâtir un plus fort château sur la croupe d'une montagne baignée, à son pied, par une petite rivière innommée se rendant en la Meuse et, à cause de ce nouveau bâtiment, Chastel devient Neufchastel, et, par la même occasion, Elbéron *du Chastel* se tourne et se change en *Neufchastel.* Deux cent cinquante-sept ans se passent: rien que cela. Alors, Henri *de Limbourg-Luxembourg* en vient aux mains avec Thibaut *de Bar* au sujet de la terre et château de Liney. La guerre est fatale à Henri, il perd la bataille et la liberté à Pigny, Neufchastel est englouti dans les désastres qui suivent cette journée. Rien de bien étonnant qu'AVENTINUS, et aussi le sire DE JOINVILLE historien de Saint-Louis, roi de France, aient narré une guerre dont ce dernier fut le contemporain, mais qu'en cette occurrence, il ressuscite le sire *de Neufchastel* vivant deux siècles et demi plus tôt, qu'il le dise descendu des sieurs d'Arville lez-Saint-Hubert, et marié à Judith *d'Argeny,* et père de Godefroi *de Neufchastel,* j'en ai plus que du doute, car DE JOINVILLE serait aussi aventureux que son collègue.

« II. *Godefroy,* seigneur du Chastel, grand forestier d'Ar-
» denne, fut envoyé devers Ogive *de Luxembourg,* comtesse de
» Flandres, vers l'an 1015, pour moïenner un accord entre cette
» princesse et Théodoric *de Luxembourg,* seigneur de Marche,
» son frère, pour la terre de Munsdorf qu'elle possédoit par son
» partage, laquelle il obtient, et espousa, par l'intercession de la
» comtesse en sa Cour d'Arras, Berte, fille unique et héritière de
» Jean, sieur de Villers-le-Preux, laquelle luy porta, en mariage,
» les terres de Villers, Neufville, Marguin, Harmaville et Cou-
» rières et le cint de Gouy, comme raporte le susdit Aventinus
» en sa *Chronique des comtes d'Ardenne,* qui témoigne aussy
» que Godefroy mourut l'an 1029, et, sa femme, 1035, et qu'ils
» furent entérés en l'église de l'abbaye d'Orval au pays de
» Luxembourg. Le sieur de Villers, chanoine et archidiacre de
» l'église de Notre-Dame de Tournay, raporte ce que dit est icy
» dessus en ses *Mémoires généalogiques des maisons nobles*
» *d'Artois.* »

Première introduction des Neúfchastel en Artois.
— En l'an 1015, il n'y avait que six ans au plus que les
de *Neufchastel* existaient et déjà ils vont pénétrer en
Artois. Si la construction entreprise par Elbéron était
alors terminée, les habitants du pays ne considéraient
pas son fils Godefroi, grand forestier d'Ardennes, comme
un *de Neufchastel,* puisque lui-même a conservé son nom
primitif au moment où Théodoric *de Luxembourg* l'envoie
en qualité de plénipotentiaire auprès de sa sœur Ogive,
comtesse de Flandre, pour traiter avec elle au sujet de
Munsdorf qui est une terre tombée dans son lot. La
comtesse fait si peu de cas de Munsdorf, que c'est lui
rendre service de l'en débarrasser incontinent ; sa recon-
naissance va si loin, envers le délégué de son frère, que
celui-ci ne saura plus comment récompenser cet ambas-
sadeur dont l'enthousiaste comtesse elle-même a négocié
le mariage avec la plus riche des dames d'honneur de
sa cour d'Artois, Berte, fille unique et héritière (les
deux sont inséparables) de Jean, seigneur de Villers-le-

Preux (1). AVENTINUS qui sait de si belles choses, ne devait pas les garder pour lui seul. Aussi instruit sur la dot de la mariée que le tabellion lui-même [elle se compose, d'après lui, des terres de Villers, de Neufville (au Cornet), de Marguin (Marquay ?), d'Harmaville, de Courrières, du quint de Gouy (en-Ternois), etc.,], il a les yeux ouverts sur les époux jusqu'à leur mort, le mari en 1029, la femme en 1035, moissonnés tous deux à la fleur de l'âge. Il les suit jusqu'à leur tombe en l'abbaye d'Orval, pays de Luxembourg. Le chanoine DE VILLERS n'hésite pas un instant à le cautionner sur toute la ligne, peut-être trompé qu'il est par l'illusion de se croire personnellement issu des de Villers-le-Preux.

« Godefroi eut deux fils qui suivent :
« 1. BAUDUIN, comte DE CHASTEL, qui suit, III. »
« 2. GILLES, dicl DU CHASTEL, qui suivra, IIIbis. »
« III. *Bauduin,* comte DE CHASTEL, vivoit du temps de Henry,
« 1er du nom, Roy de France, l'an 1059, et il avoit épousé Her-
« mentrude, comtesse *de Montfort,* fille de Renauldt et de

---

(1) En 1015, celui qui fut, plus tard, Bauduin le Débonnaire, était encore au maillot ; s'il était sévré, c'est tout au plus. En effet, en 1014, la susdite princesse, Ogive *de Luxembourg,* sa mère, femme de Bauduin IV à belle barbe, contristait de jour en jour celui-ci par sa stérilité ; elle avait alors cinquante ans. Cet époux, trop impatient, se faisait bien inutilement de la peine, car la princesse se trouva grosse tout à coup. On devine qu'à l'abattement succéda le délire de la joie. Bauduin IV, en tout ce qu'il faisait était loyal vis-à-vis de ses sujets ; aussi voulut-il que l'accouchement eût lieu publiquement, autant que c'était au pouvoir d'une famille régnante. Par prévoyance qu'il pourrait y avoir foule, il fit choix du marché ou grand'place d'Arras où il fit dresser une tente sous laquelle la comtesse fut délivrée par les matrones, en la présence des femmes de ses barons artésiens et flamands. Afin de perpétuer le souvenir de cette délicatesse insolite, restée probablement sans imitation depuis, on érigea une colonne en grès, de 45 pieds de hauteur, à la place même qu'occupait la tente, en face du cabaret dit *du Chaudron.* Un helléniste d'alors lui donna le nom de *Polène.* Les habitants de ce marché, nés autour d'elle sur les quatre faces de cette place carrée, furent appelés les *enfants de Polène.* HENNEBERT cit que la pyramide existait encore en 1701, et fut démolie avec des corps de garde.

» Rekeline de Groesbeke, selon SERVASIUS en ses *Mémoires de*
» *Germanie,* livre 3, folio 179, lequel adjoute que ledit Bauduin
» fut créé le 1er comte du Chastel en Ardenne par l'empereur
» Henry. »

C'est beaucoup que SERVASIUS apprenne à la postérité
qu'au XIe siècle, ce Bauduin *de Chastel,* sur la lignée
duquel il garde un prudent silence, épousa la comtesse
de Montfort et Groesbeke; pour moi, ce n'est ni le fils
ni le petit-fils de Godefroi et d'Elbéron susdits. C'est
énorme, si les patentes d'érection en comté de Chastel en
Ardennes aux nom et profit dudit Bauduin qui en devient
par là le premier comte, sont rapportées textuellement
par ce chroniqueur. On y trouverait la meilleure des
garanties, celle de l'empereur Henri le Vieil. Pourquoi
SERVASIUS en a-t-il oublié la date ?

« L'héritier de BAUDUIN fut :
« IV. *Godefroy,* comte DE CHASTEL et de Homberg, espousa
» Clémence, dicte, en quelque charte, Ermentrude, héritière et
» comtesse de *Longwy,* vefve de Conrard, 1er du nom, comte *de*
» *Luxembourg,* comme paroît par tiltre de l'an 1086, et par *l'His-*
» *toire généalogique de la maison de Luxembourg,* folo 28 et 29,
» par André DU CHESNE. Vide aussy ALBÉRIC et *l'Histoire gé-*
» *néalogique de la maison d'Alsace* par le R. P. WIGNIER,
» folo 4 et 5. »

Selon le truc pratiqué par LE CARPENTIER, l'historien
du Cambraisis, et ses imitateurs généalogistes, un Godefroi *de Chastel et de Homberg,* florissant vers la fin du
XIe siècle, les autorise dans la création à rebours d'un
autre Godefroi trépassé en 1029. C'est ainsi que se font
chez eux les grands-pères. En ce qui concerne cet époux
ou ce gendre de Clémence-Ermentrude, ou d'Ermentrude-
Clémence de Longwy, il est parfaitement authentique qu'il
prend femme dans l'aire des aigles de Luxembourg. C'est
à tort qu'on le mêle au sujet qui nous occupe. Il est réel

qu'après lui ses descendants, qui prennent le nom de
Bliscastel, n'ont pas d'accointance avec nos *Neufchastel*
imaginaires. Je me bornerai à indiquer le mélange des
uns et des autres quand il reparaîtra. Je passe de la sorte
au IIIbis.

« IIIbis. *Gilles*, dict DU CHASTEL (second fils de Godefroy,
» seigneur du Chastel en Ardennes et de Berte *de Villers-le-*
» *Preûx*), eut, pour partage, tous les biens d'Arthois, où il vint
» résider l'an 1036, et y épousa Béatrix, fille de Robert, sieur
» *de Nielles*, chevalier, et il portoit les armes de sa mère *d'azur,*
» *au chevron d'or,* brisé à dextre d'un canton des armes de son
» père qui furent *d'argent, au chasteau de gueules*, ce qui se
» prouve par son scel pendu à une charte par laquelle Gérard II,
» évesque d'Arras, donne, de son consentement, à l'Abay des
» dames d'Estrun, les dismes d'Armaville, l'an 1078. Et ledit
» *Gilles* mourut l'an 1079, âgé de 81 ans et gist en l'église de
» Villers, et sa femme en celle d'Estrun près de sa fille, Denise,
» religieuse. »

DEUXIÈME ENTRÉE DES NEUFCHASTEL EN ARTOIS. —
Il y avoit un an que Gilles, dict *du Chastel* pour *de Neuf-*
chastel, avait fermé les yeux à sa mère, quand sonna
l'heure de tirer les lots avec son frère, opération dont
Godefroi leur père avait été dispensé par sa qualité de fils
unique d'Elbéron. Gilles eut tous les biens du chef de sa
mère, avec l'embarras, en même temps, de déménager
son mobilier de garçon du haut de sa montagne, pour s'en
aller en Artois où il arriva en 1036, ainsi qu'il doit résulter du partage et de la lettre de voiture. Son père avait
aimé une artésienne, lui, s'éprit d'une boulonnaise ; du
moins, je prends pour telle Béatrix *de Nielles*-lez-
Bléquin, ou lez-Ardres, que j'affirmerai moins de la
famille des *de Neesles*, ou *de Nielles*, qui vendit deux
siècles plus tard, en février 1224, à la comtesse Jeanne,
la châtellenie de Bruges (V. DE L'ESPINOY, *Recherches*
des Antiquitez et noblesse de Flandres, p. 74, 120, 221),

que de la dire avec son père Robert, un mythe semblable
à celui de Jean et Berthe *de Villers-le-Preux*, l'introuvable, qu'on ne va plus nommer désormais que *Villers*.
Mais le lecteur n'y perd rien, on lui fait connaître le
blason de cette seigneurie, *d'azur, au chevron d'or*, porté
par feue Berthe, que son fils brise à dextre d'un canton des
armes de son père, preuves de son égal amour pour ses
auteurs. Afin de conjurer tout reproche ou tout mauvais
soupçon de la part du lecteur, on lui dit que ces armes gémi-
nées se trouvent au scel pendant à une charte de 1078, une
disposition testamentaire de notre Gilles, trépassé l'an
d'après, en faveur de l'abbaye d'Etrun, de la dîme d'Hermaville. Quelles meilleures garanties sur ces insignes
héraldiques, sur la volonté exprimée au texte de l'acte et
sa date, sur l'abbaye d'Etrun et la dîme d'Hermaville si
voisines de son palais, que l'intervention de l'évêque
d'Arras, dans une circonstance de pure charité dont la
maladie ou l'âge éloignent le donateur (il n'avait alors
que 63 ans en le supposant né en légitime mariage). Des
preuves d'une telle autorité, à laquelle vient s'ajouter
celle non moins sainte et respectable des lieux où les
époux sont ensépulturés, sont plus que suffisantes pour
gagner bon nombre de lecteurs, malgré le regret qui
restera chez certains de l'absence ou de l'existence hypo-
thétique de la pièce. — Gérard II, évêque d'Arras et de
Cambrai, fonda l'abbaye noble d'Etrun en 1085. Par sa
donation anticipée en 1078, si elle eut lieu, notre Gilles fut
un fondateur en participation sans pouvoir y trouver sa
tombe. Sa fille et sa femme y reçurent la leur après 1086,
au plus tôt. Cette séparation de cadavres donne à penser
mal de l'humeur conjugale.

« Gilles fut père des quatre enfants qui suivent :
« 1. Bauduin DU CHASTEL, qui suit, IV.
« 2. Foulques *du Chastel*, sieur de Neufville, se croisa avec

2

» ses frères et combattoit fort vaillamment à la prise de Jérusalem
» à laquelle il fut griefvement blessé, dont tost après il mourut
» de ses blessures, de quoy Robert, comte de Flandre, et Bauduin
» et Hugues, ses frères, eurent grand regret. »

« 3. HUGUES *du Chastel*, dit le Brun, ne fit pas moins pares-
» tre sa valeur que ses frères à la prise de Jérusalem, où après
» il mérita aussy d'estre créé chevalier par le Roy Godefroy de
» Bouillon, et il se trouva depuis, en diverses prises de ville,
» et en la bataille que le Roy Godefroy gaigna avec les Princes
» Chrestiens contre le Caliphe d'Egypte proche de Ramule et,
» après laquelle, il retourna, avec son frère, au pays bas où il
» trouva encor sa femme en vie, Marie *de Nédon*. »

» 4. DENISE DU CHASTEL, religieuse à Estrun. »

LES NEUFCHASTEL AUX CROISADES. — La paroisse de
Neufville au Cornet, car c'est bien d'elle qu'il s'agit ici,
n'ayant à ce jour que 114 habitants, n'offrait guère que 30
à 40 vassaux à son seigneur en 1095, époque de la première croisade. Voilà pour le ban et arrière ban de notre
Foulques. Il n'importe, car une miette de terre peut
acquérir, par son maître, autant sinon plus de gloire que
certaines cités par leurs châtelains. Foulques prend les
armes avec ses quatre hommes, le *cor* sonne le départ
de Neuville-*au-Cornet*. Il combat si fort à la prise de
Jérusalem, qu'il y trouve une mort qui fait verser des
larmes au comte de Flandre pour qui les occasions de
pleurer ne doivent pas manquer, et à ses frères non moins
sensibles à cette perte.

Un gros seigneurial d'un calibre qui ne dépasse pas
de beaucoup celui de Neuville-au-Cornet, c'est Marquay
au lieu de Marguin inconnu en Artois, 189 habitants,
même pays que ledit Neuville. Cela n'empêche pas Hugues
du Chastel, dit le Brun, surnom que je ne lui connaissais
pas, de se croiser avec ses six hommes. Il arrive à
Jérusalem où il gagne ses éperons de *chevalier de
Marquay*. C'est Godefroi de Bouillon, lui-même, qui les
lui remet de ses mains royales. Depuis lors, on le suit

des yeux aux sièges de plusieurs villes, même dans la mêlée de la bataille de Ramule où brilla sa valeur auprès du roi et des princes plus chrétiens que musulmans. Après cette journée, ayant mérité sa feuille de route avec son frère du n° IV, ci-après, il rentre au pays avec la chance d'y retrouver en vie sa moitié, Marie *de Nédon*, un vrai regain après une longue séparation. Cet *Hugues le Brun* serait bien le *Hugues le Noir* des *du Chastel de Homberg*, qualifié sire de Vauflans et chef des sept cantons suisses par DE WALDENCOURT, nonobstant les dates.

Denise DU CHASTEL, religieuse à Etrun. — Néant.

« IV. *Bauduin* DU CHASTEL, seigneur de Villers, Harmaville » et de Courrières, espousa Aarduine, fille de Manfroy, sieur » *de Mottenghien* et de Warluzel, chevalier, et il se croisa avec » les princes Chrestiens pour aller combattre les infidels et con- » quérir sur eux la terre sainte et s'estant mis à la suite de » Robert, surnommé le Frison, comte de Flandres, et, l'an 1099, » fut à la prise de Jérusalem où il donna des preuves de sa valeur, » en récompense de quoy Godefroy de Bouillon estant couronné » Roy de Jérusalem le créa chevalier du Saint-Sépulchre. Ledit » Bauduin prit, depuis, dans ses armes, des croix recroisetez au » pied fiché d'or et ses deux frères de mesme, et prirent, allant à » cette sainte expédition, pour devise, S'IL PLAIT A DIEU, comme » rapporte le sieur DE LA COLOMBIER en la *Science héroïque*, » f° 464, voulant lesdits frères signifier par ces mots qu'ils vain- » quirent les sarasins avec l'aide de Dieu. »

J'avais raison de dire tout à l'heure que, de par *Neuville* et *Marquay*, Foulques et Hugues *du Chastel* étaient gentilshommes d'une maigreur de patrimoine désolante. En effet, Bauduin, leur frère, comme aîné de la famille, avait la part du lion, c'est à dire Villers, Hermaville et Courrières, afin de perpétuer dans les siècles l'éclat de sa race. Pour ce faire, il commence par épouser une fille de *Mottenghien*, encore une seigneurie aussi nuagée que les deux précédentes, que LE CARPENTIER connaît à peine, une fille de Warluzel aussi, ce que je nie absolument, comme le prénom de Manfroi. Un seigneur de Villers, Hermaville et Courrières, n'est pas dans le cas de faire piteuse figure à la croisade. Il y va derrière Robert le Frison, comte de Flandre. A la prise de Jérusalem, sa valeur fut si remarquée que le général en chef de toute l'armée, voulant ajouter à l'éclat de son couronnement, le créa chevalier du Saint-Sépulchre. Ce n'était que juste à peine, car assez d'infidèles avaient péri sous ses coups et ceux de ses frères pour que, ce considéré, ils eussent le droit à un supplément de récompense et d'honneur, tel que de marquer dans leurs armes des souvenirs de cette expédition. C'était la mode du moment. Bauduin et Hugues le Brun adoptèrent, dans leur blason, la croix recroisettée au pied fiché d'or. Je dois excepter Foulques, car, étant mort de ses blessures *tost après la prise de Jérusalem*, s'il eut la sienne c'est à son enterrement. Il paraît qu'en partant pour cette campagne, tous ces preux, animés de l'ardeur d'occire les Sarrasins, qui, eux aussi, les appelaient des infidèles, avaient pris, pour cri de ralliement, ces mots : s'il plait a dieu ! Voulant signifier par là qu'ils auraient vaincu leurs ennemis, s'il plaisait à Dieu de les laisser aller jusqu'au bout. Ainsi doit s'entendre le passage de Vulson de la Colombière et non comme un cas réservé à la maison *du Chastel* parce qu'elle aurait trois croisés et d'autres encore dans la suite des temps.

« Bauduin fut père de deux fils, savoir :
« 1. Thibault DU CHASTEL, qui suit, V.
« 2. Robert *du Chastel* naquit à Arras et y fut instruit à la
» vertu et aux bonnes lettres et ensuitte évesque où il fit grand
» bien à son église et y donna le grand chandelier de cuivre
» derrière le Grand Autel sur lequel bruslent sept chandelles
» durant la grande messe, et il mourut l'an 1131. »

La demeure des *du Chastel* dont je viens de parler

était dans une rue d'Arras, et non à Villers, Hermaville,
Courrières, Neuville-au-Cornet, Marquay ou Gouy. L'aveu
que Robert *du Chastel* naquit en cette ville, est bon à
retenir, car DE WALDENCOURT, le signataire de leur
généalogie, sait parfaitement qu'ils y résident; c'est bien
pourquoi il leur a façonné de prétendus aïeux illustres
qu'il a tirés des Ardennes. Ici il phrase sur l'éducation
que les parents donnèrent à leur enfant. Il devint évêque
en sa ville natale. Celui qui voue sa plume à l'histoire
ecclésiastique ou à l'une de ses branches n'ignore pas que
l'humilité chrétienne impose aux éminences personnelles
en particulier le devoir de taire leur nom mondain, mais
l'historien qui le dévoile ne peut le faire qu'avec le secours
de bonnes et justes raisons démonstratives de l'identité.
Or, pour écrire que ce Robert, le 36e évêque d'Arras
tenant la crosse de 1115 à 1131, était un *du Chastel,* il ne
suffit pas de n'avoir en mains qu'une liste des prénoms de
ces prélats. Aujourd'hui, dimanche, 27 mai 1883, je rentre
d'Arras où j'ai assisté à la grand'messe à l'église St-Vaast.
Je me suis placé derrière le grand autel pour admirer le
grand chandelier de cuivre avec ses sept chandelles allu-
mées. Ne voyant rien, j'ai interrogé mes voisins qui m'ont
paru ébahis de ma question et vouloir en rire.

« V. *Thibault* DU CHASTEL, seigneur de Villers, Harmaville
» et de Courières en partie, espousa Mélisende de Poix, dame de
» Cheville, avec laquelle il fonda une très-belle chapelle à l'hon-
» neur de Nostre-Dame en l'église de Villers qu'il dota de 53
» livres de rente à prendre sur les dismes d'Harmaville, de
» 16 mencauds de terre et une pièce située audit Villers, laquelle
» fondation fut confirmée par Robert *du Chastel,* évesque d'Arras,
» son frère, l'an 1131, comme l'on trouve par le registre de ladite
« église qui témoine aussy que ledit Thibault y gist avec sa
» femme, et marque sa mort sur l'an 1155. »

Robert étant en religion, Thibault eut, tôt ou tard, tous

les biens féodaux de ses parents, à savoir Villers (tout court), Hermaville, et Courrières en partie, et des droits que je ne me charge pas de déterminer à Mottenghien et à Warluzel à l'encontre de collatéraux possibles. Que ne disait-on plus vite que Berthe de *Villers-le-Preux* n'avait pas eu tout Courrières, qu'elle n'en avait qu'une partie comme quelques mencaudées, un pré, un bois, un colombier, un moulin, une garenne, car il y a partie et partie seigneurialement divisible dans la proportion du nombre des co-partageants. Par son alliance avec Mélisende *de Poix*, notre Thibault eut des espérances en Picardie sur la terre de Poix qu'on trouve en cette province et aussi sur Chapelle-sous-Poix, où il y a ce jour 74 habitants. Soit, pour continuer les traditions de famille, commencées par son aïeul Gilles, bienfaiteur des dames d'Etrun au moyen de la dîme d'Hermaville, soit pour soulager son cœur d'avoir mis au monde un criminel dont il va être question à l'instant, il fonda, avec son épouse, en l'église de Villers, la très belle chapelle à l'honneur de Notre-Dame qu'il dota d'une rente sur l'inépuisable dîme d'Hermaville et de terres sur Villers. On prétend qu'un registre d'église de ce Villers énoncerait : 1° que la fondation fut de 53 livres de rente sur cette dîme ; 2° de seize mencauds de terre en une pièce au terroir de Villers ; 3° que la fondation fut confirmée par l'évêque Robert ; 4° que ce prélat serait un *du Chastel* ; 5° que cette confirmation eut lieu par lui en 1131, année de sa mort ; 6° que les fondateurs gisent en cette église ; 7° que Thibault *du Chastel* mourut en 1155. Tout cela est énorme de précision, et cependant on a oublié le principal, nommer le Villers en question afin d'éclairer les fidèles désireux d'un pèlerinage à son église, sur le chemin qu'ils ont à suivre.

« Thibault laissa trois enfants légitimes :
« 1. Bauduin DU CHASTEL, qui suit, VI.

« 2. ELBÉRON *du Chastel* tua son frère bâtard, ROBERT, et
» s'enfuya en Angleterre, où il se rendit, quelque temps après,
» religieux en l'abbaye de Westminster.

« 3. ALIX *du Chastel* espousa Gervais de Saint-Aubin, sei-
» gneur de Scailven, chevalier, duquel fait mention le sieur
» DE VILLERS, chanoine et archidiacre de Nostre-Dame de Tour-
» nay en la *Généalogie de la maison* DE SAINT-AUBIN.

« Thibault laissa de plus un fils naturel :

« 4. ROBERT, bâtard *du Chastel*, surnommé l'*Urlu*, ou d'*Urlus*,
» à cause qu'il fut capitaine au chasteau d'Urlus, entre Lens et
» la Bassé, d'où il courut par toute la Picardie où il exerçoit tant
» de cruautez sur les ennemis du comte de Flandres, que son
» seul nom fut redoutable et depuis le nom d'*Urlu* est demeuré
» au pays d'Arthois et de Picardie, quant, mesme, ils veullent
» faire peur aux enfans, ils disent : TAISEZ-VOUS, LE URLUS
» VIENT. »

Bauduin *du Chastel*, un prénom dont la fréquence est
une quasi garantie de ne pas être démenti.

Elbéron *du Chastel*, résurrection d'un autre prénom
auquel on tient tout particulièrement, puisque c'est celui
du chef de la maison. Ce cadet apparent tue son vaurien
de frère bâtard. Afin d'échapper à la punition de son
crime, il met le détroit entre l'Artois et sa personne qu'il
cache dans l'église de Westminster comme lieu de fran-
chise. Après quelque temps d'opportune réflexion, le chapitre de l'abbaye se décide, non seulement, à recéler ce
caïn, mais, de plus, à lui faire prendre l'habit monacal.

Sous le toit des *du Chastel*, à Arras, on maniait l'or à
pleines mains, dans le XIIᵉ siècle. Un chevalier du voisinage, sentant le besoin de redorer son blason, offrit sa
main à Alix *du Chastel*. Ce rural était Gervais *de Saint-
Aubin* (aujourd'hui Anzin-Saint-Aubin) qu'il ne faut pas
confondre avec les sires de Saint-Albin de Douai. L'authen-
ticité de ce *Saint-Aubin* est moins contestable que celle
de son mariage chez les *du Chastel*. Il dût laisser une postérité dont je ne sais que faire en faveur de ces *du Chastel*,

postérité que je crois voir dans un titre rapporté par
GUIMAN en son *Cartulaire de Saint-Vaast*, fol° 618 :
« Joannès *Bises* avoit une dîme au terroir d'Adinfer qu'il
» tenait de St-Vaast, Marie, sa mère, en percevait la moitié
» pour sa dot, l'autre moitié a été résignée à St-Vaast par
» ledit Jean *Bises* ; *Eustachius* DE SAINT-AUBIN, *miles*,
» tenant lui-même ce fief de St-Vaast, consent à cette
« résignation de moitié, en février 1249. » Messires *de
Saint-Aubin* étaient seigneurs d'Ecoivres (Squavia) et non
de Scailven, mot mal lu par le chanoine DE VILLERS.

Un problème, d'un aspect assez impénétrable, serait de
savoir si Thibaut *du Chastel* eut son bâtard avant ou pendant mariage. Cette dernière opinion est plus probable
que l'autre. Un accident de ce genre, sans être déjà alors
précisément une rareté phénoménale dans les mœurs,
dut blesser premièrement Mélisende *de Poix* objet d'un
dégoût que je dirai momentané ; deuxièmement, Elbéron,
furieux de se voir un frère adultérin (qui n'eut pas été tel
au premier cas) dans la personne d'un coupe-jarret ;
troisièmement, il dut percer le cœur de l'évêque Robert
dont on s'empara du prénom pour le donner à l'enfant né
du concubinage. Comme par une sorte de loi de malheur,
un accident ne va pas seul, le prélat eut la douleur d'être
plus tard le témoin des nombreux méfaits de celui-ci et du
drame qui les termina. Ses chagrins probables le mirent
au tombeau plus de vingt ans avant son frère. L'épisode
qu'on vient de lire n'est pas connu dans l'histoire de
l'épiscopat artésien.

La seigneurie d'Hulluch est bien entre Lens et la
Bassée. Sa situation est plus certaine que ne l'est l'existence d'un château local où commanderait comme capitaine, sous Thierry d'Alsace, notre redouté bâtard. C'est
donc un devancier de Ibert *de Hulluch* et de son fils
Elvard, les premiers sires connus en cette terre en 1192.
Partisan de ce comte de Flandre plus occupé de la Terre-

Sainte que de celle d'Artois et Picardie, il sème, en son nom, en ces deux provinces, l'épouvante et la mort. Cependant il faut reconnaître que les chevauchées sont déjà longues d'Hulluch à la Picardie, mais elles redoublent la fureur du bandit au point que les gardiennes d'enfants picards et artésiens se servent de son nom pour les faire trembler. Le temps use tout car il n'y a plus de Urlu connu à Hulluch, il ne reste que ceux de Lille, au 29 juillet 1582.

VI. « *Bauduin* DU CHASTEL, seigneur de Villers, Harmaville,
» Courrières et Cheville, espousa Eve, tante d'Eustache, sei-
» gneur *de Neufville*, chevalier, en partie fondateur de l'abbaye
» du Verger, auquel Bauduin, Guillaume, seigneur de Béthune,
» et Hugues, comte de Saint-Paul, et autres grands seigneurs
» demeurèrent plèges pour certaine somme d'argent, l'an 1197,
» comme paroist par l'*Histoire généalogique de la maison de*
» *Béthune* par André DU CHESNE, folio 169. »

Ainsi, avec le simple revenu de ses seigneuries de Villers (supposé), d'Hermaville (l'entamé), de Courrières (en partie) et de Chapelle-sous-Poix, ce Bauduin *du Chastel* serait en mesure, s'il n'avait un négoce particulier, de prêter couramment de l'argent aux plus grands personnages de l'Artois? Ibert, sire *de Carency*, se voit à court de 600 livres que lui avance ledit Bauduin entendu avec d'autres confrères d'Arras. L'honneur qui lui est fait, dans la circonstance, ne compensant pas à ses yeux les perils éventuels de la créance, il se range au parti de la prudence en demandant des cautions qui furent Guillaume, avoué d'Arras, Béthune et Tenremonde; Hugues, comte *de Saint-Pol,* cousin dudit avoué; Eustache *de Neuville;* Gilles d'*Asc* (d'Acq?), Jean *de Wancourt* et Jean *Desquams* (c'est à dire, d'*Ecoivres*).

André DUCHESNE, qui sait le monde pour lequel il écrit, nous dit: Ibert *de Carenci* emprunte 600 livres de Bauduin *du Chastel,* à la caution de tels et tels seigneurs de telles et telles terres et rien de plus. Il se garde bien de dire que le financier est seigneur de Villers, Hermaville, Courrières et Chapelle ; que ce prêteur a épousé ou épousera Eve *de Neuville,* déjà tante d'Eustache, l'une des cautions majeures d'âge au moment du contrat ce qui donne à supposer que ladite Eve aurait été une vieille fille n'ayant pas trouvé l'occasion de s'accrocher autrement. Il se garde d'avancer que le neveu futur ou réalisé de Bauduin *du Chastel* est ou sera le fondateur en partie de l'abbaye du Verger en Oisy. C'est étonnant de lui voir mettre à dos tout ce qu'il ne sait pas, *comme paroist* par l'*Histoire généalogique de la maison de Béthune.*

Eh bien ! ce qui paraît, au contraire, en cette même histoire, c'est l'impertinence de son auteur à appeler Bauduin *du Chastel* et ses co-prêteurs des *citoyens d'Arras* en un temps où la République n'est pas, c'est à dire, peut-être, des habitants de la haute ville d'Arras nommée la *cité.* Folio 169 de son texte historique, on lit « L'an *mille cent* » *quatre-vingt-quinze,* le même Guillaume, seigneur *de* » *Béthune,* estant à Arras, s'obligea avec Hugues, comte » *de Saint-Pol,* son cousin, Eustache *de Neuville,* Gilles » *d'Asc* et Jean *de Wancourt,* comme plèges d'Elbert, » seigneur *de Carency,* envers Bauduin DU CASTEL *et* » *autres citoyens d'Arras,* pour une certaine somme de » deniers qu'il leur devoit. »

Le même, dans ses preuves, f° 78, rapporte le texte entier de l'original de cet engagement reposant en la chambre eschevinale d'Arras. Les prêteurs y sont moins maltraités : « *Præterea Burgenses prædicti* apud Carenci » servientem unum constituent ad recipiendum redditus » nominatos et ego ei (servienti) teneor necessaria procu- » rare. » C'est Ibert *de Carenci* qui parle (1).

___

(1) « EGO IBERTUS DE CARENCIACO. Notum facio tam præsentibus quam

La créance totale sur lui, outre les sûretés procurées, était de 600 livres parisis assurées par un revenu de 100 livres et 200 chapons au profit de Bauduin *du Chastel* et consorts ; de plus, au terme fixé, chaque livre impayée bonifiait de deux deniers par semaine. La Toussaint était le jour fatal pour le débiteur et, je le suppose, aussi pour les chapons qui, alors, étaient pour rien. Cet acte sent l'usure et la gastronomie des marchands d'argent.

« Bauduin *du Chastel* fut père de cinq enfants, savoir :
« 1. LIBERT *du Chastel*, seigneur de Villers, eut à femme,
» Marie, fille du seigneur *de Borgnival* en Brabant, et il fut
» tesmoing, et Godefroy, sire *de Bréda*, Wautier *de Bierbais*,

» futuris, quod pro DC. libris Paris, quibus Balduino DE CASTELLO, Aude-
» frido, Roberto Luchardo, Matheo filio Widonis tenebar adstrictus, eisdem
» redditus C. librarum, et CC. caponum pignori obligavi. Indè sunt assi-
» gnati ad omnes redditus et profectus et omnia appendicia de CARENCI,
» ea conditione quod ab uno festo omnium Sanctorum in aliud debent
» prænominatas C. libras cum CC. caponibus recepisse. Hec addito, quod
» tertia die post festum omnium Sanctorum redditus assignatos redimere
» potero, et habere, prædictis DC. libris eisdem antea persolutis. Ad hoc
» de memoribus de CARENCI ad valens quinque solidorum non convertam
» in alias usus, quam in solutionem hujus totalis summæ. Præterea Bur-
» genses prædicti apud Carenci servientem unum constituent ad reci-
» piendum redditus nominatos, et ego ei teneor necessaria procurare.
» Hujus pactionis tenendæ WILLELMUS ADVOCATUS BETHUNIENIS Dominus
» meus, Hugo Comes *de Sancto Paulo*, Eustacius *de Novavilla*, Eojidius *de*
» *Ascha*, Johannes *de Waencurte*, Johannes *de Esquams*, plegii et ostagii
» existunt fide interposita, et coram Scabinis Attrebatensibus sua expo—
» suerunt, et in jure et lege se et sua miserunt. Quod si prædictæ C. libræ
» ad terminum assignatum non fuerint persolutæ, quælibet libra duos
» denarios lucrabitur qualibet septimana. Ut hotem hoc ratum sit et fir—
» mun, ego et WILLELMUS ADVOCATUS BETHUNIENSIS, Hugo Comes de Sancto
» Paulo, et Eustacius de Novavilla, præsentem paginam sigillis nostris
» confirmavimus. Actum anno verbi incarnati MC.XCV, mense martio.
» Datum apud Attrebatum. »
Il semble à déduire de l'acte que la maison de banque dite *du Chastel* était une société en participation où étaient entrés l'élite de la bourgeoisie Arrageoise et des écuyers et chevaliers retardataires, car elle paraît avoir eu pour clientèle absolue les premières têtes de la féodalité. Elle fut la plus ancienne et la plus intègre, puisqu'elle parvint aux honneurs durables quand ses rivales ne pouvaient que s'imposer accidentellement dans des distinctions du moment et toutes passagères.

» etc., à certain transport que fait Jacques *de Walcour*, dit de
» Clairmont, de son advouerie de Wivegnies et de sa pêche à
» Herstal, à Henry, 1ᵉʳ du nom, duc de Brabant, l'an 1223. Vide
» les *Trophées de Brabant*, folᵒ 190, et aux preuves foliis 69
» 70 et 115. Libert eut pour fils : A. *Jacquemin* DU CHASTEL,
» seigneur de Villers et de la part de sa mère d'une partie
» d'Hoppain, espousa Matilde *de Stalle* de laquelle il n'eut hoirs,
» et il fut dit vasal au duc *de Brabant* ès *Trophées* dudit
» Brabant, folᵒ 545, et il mourut au chasteau de Genap, l'an
» 1259, e; gisl avec sa femme en l'église de Nivelle. »
  « 2. GÉRARD DU CHASTEL, qui suit, VII. »
  « 3. HENRY DU CHASTEL, qui suit, VIIᵇⁱˢ. »
  « 4. Madame FLORENCE *du Chastel*, abbesse de Notre-Dame
» de la Vigne où elle mourut le 7 mai 1225. Sur son épitaphe,
» il y a la représentation d'un cadavre tenant sa croce et ses
» armes avec ces mots desoubs : MEMOR ESTO AUDACII MEI SIC
» ENIM ERIT ET TUUM MICHI HERI ET TIBI HODIE ECCEL…. 38… »
  « 5. MÉLINDE *du Chastel* espousa, en premières nopces,
» Raoul, seigneur *d'Inchy*, et, en secondes nopces, Antoine,
» second fils du baron *de Harnes*, lequel fut tué à la prise du
» chasteau de Kemperlé en Normandie. »

Fidèle à sa méthode d'amener en Artois des *du Chastel*
d'origines diverses, telles que, lorraine, luxembourgeoise,
brabançonne, et de les remener au lieu d'où il les a tirés
afin qu'on ne parvienne a les *filer*, l'auteur quelconque de
cette généalogie, D'ASSIGNIES ou le chanoine de Tournai,
oblige, par cette mobilité, Bauduin *du Chastel* le père, ce
prêteur sur gages, à quitter tout-à-coup son comptoir
pour aller à Borgnival assister au mariage de son aîné fils,
seigneur de Villers-le-Preux introuvable en Artois. En
Brabant, il y a plus d'une terre nommée Villers, cependant
je n'en vois pas une seule s'accostant de Libert *du Chastel,* parce qu'il a la sienne dans les environs d'Arras où
il est né et que cela est bien suffisant à un gentilhomme
vivant à la cour du duc Henri 1ᵉʳ, y côtoyant Godefroi *de
Scoten*, sire de Bréda, Jacques *de Clairmont,* Wautier *de
Bierbais,* Wautier *de Campenhout,* Gossuin *de Gosen-*

court, Arnoul et Bauduin *de Walhain,* Arnoul *de Lim-*
male, Bosin d'*Ottignies,* Jacques *de Walheim,* Henri *de*
Bautersheim, Grimald *de Judogne,* Gérard et Henri *de*
Hoppain. Tous furent de la noce, sans doute? Quel hon-
neur pour le vieux Bauduin *du Chastel* d'avoir un tel fils !
Si ce n'est pas un emprunt à une autre famille.

Jacquemin DU CHASTEL, fils de Libert, comme lui seigneur de Villers-le-Preux, eut, de sa mère, une partie de
Hoppain en Brabant, ce qui donne à supposer que Marie
de Borgnival avait cette partie à l'encontre de Gérard et
Henri *de Hoppain,* ses oncles, ou plutôt ses frères, gens de
la noce ou du moins co-signataires de l'acte de transport
par Jacques *de Clairmont* à Henri 1ᵉʳ *de Lorraine,*
duc de Brabant. Le généalogiste est si bien renseigné sur
ce JACQUEMIN, qu'il sait : 1° qu'il épousa Mathilde *de*
Stalle (sous Uccle?) ; 2° qu'il n'eut pas d'enfants; 3° qu'il
mourut au château de Genap; 4° que ce fut en 1259;
5° que ces époux ont eu la sépulture en l'église de Nivelle.
Trouver tout cela en plein XIIIᵉ siècle, c'est prodigieux.

Ici, je suis l'ordre apparent des naissances. Pour Madame
Florence DU CHASTEL, le prodige va plus loin encore.
Quoique trépassée *33 ans* avant son neveu, on nous dit
avec une précision chronométrique que c'est *le 7 mai 1226,*
au couvent de la Vigne dont elle fut abbesse pendant
38 ans, qu'on y a vu son épitaphe accompagnée de la
figure d'un cadavre portant la crosse et le blason de la
défunte, qu'au bas se lit un avertissement terrible au
visiteur. On peut croire à un obituaire révélateur d'une
date et de la durée de la prélature, mais l'épitaphe, le
cadavre, le blason, la légende, rêveries que tout cela !
Pourquoi a-t-on oublié l'âge de *Florence* DU CHASTEL?

Plus attachée peut-être à la banque paternelle que ne
l'avait été sa sœur, *Mélinde* DU CHASTEL se maria à un
seigneur des alentours d'Arras, Raoul d'*Inchy,* dont elle
devint veuve à un âge où l'amour n'est pas éteint, car elle

reprit ses feux en faveur d'Antoine, second fils du baron *de Harnes*. Nous devons être ici aux environs de 1250. Avant, pendant et après, on cherchera en vain dans les filiations de Hugues d'*Antoing*, sire de Harnes, par sa femme Phelippa, ou de Michel d'*Antoing de Harnes*, leur fils et héritier, un cadet dont le prénom réponde à celui de ce deuxième mari. A Harnes donc, on s'étonne d'Antoine *d'Antoing* mourant à Quimperlé (en Normandie?). En suivant les indices de l'âge, je devrais la place au VII bis, dont je ferai un accessoire du VII.

« VII. *Gérard* DU CHASTEL, seigneur de Cheville et de Cour-
» rières en partie, épousa Elisabeth *de Brimeu*, héritière de la
» terre d'Amerin, et il fut hault bailli de Cassel, l'an 1261, comme
» raporte LESPINOY en son livre des *Antiquitez de Flandres*,
» fol° 232, et à luy succéda en cet estat, Jacques *de le Val*,
» chevalier ; Charles *de Halwin* ; Jean *de Stavele*, seigneur
» d'Isenghien ; Jean *de Sainte-Aldegonde*, chevalier, seigneur
» de Noircarmes. »

On vient de voir comment *Jacquemin* DU CHASTEL lâcha Villers-le-Preux. Villers fut, sauf le cas de survivance de LIBERT, père du *de cujus*, ramassé par quarts par Florence, Mélinde, Henri et Gérard *du Chastel*. Ce dernier était donc seigneur de Villers au quart, de Chapelle en tout, et de Courrières en partie. DE L'ESPINOY n'en a rien su, il ne donne pas son personnage pour un seigneur, il ne sait bientôt pas comment il se nomme, si c'est un *de Castro* ou un *du Chastel* ; il le dit bailli de Cassel en 1261, même c'est le premier en date. S'il le savait marié à Elisabeth *de Brimeux*, que cette dame fut héritière de la terre d'Amerin qu'il faut à tout prix introduire ici, s'il leur connaissait une postérité survivante, il le marquerait selon sa coutume. Les assertions qu'on veut faire passer sous ce n° VII se clôturent par une liste en raccourci (qui n'a rien à faire ici) des successeurs de Gérard en son office. Ainsi

pèse sur DE L'ESPINOY, la responsabilité pour le tout que
ne rachète pas le fictif honneur qu'on lui fait en le citant.
Et voilà, justement, comment on écrit l'histoire.

« VIIᵇⁱˢ . *Henri* DU CHASTEL, seigneur de Harmaville, laquelle
» terre il vendit pour survenir au voyage qu'il fit à la Terre
» sainte, s'estant croisé avec Hugues le Brun, comte *de Lusignan*
» et de la Marche, et Guillaume Martel, comte *d'Angoulesme,*
» du temps de Bauduin 3ᵐᵉ, Roy de Hiérusalem, où il fit de très-
» beaux exploits militaires et notamment à Constantinople, l'an
» 1224, selon le fidel raport DE VILLEHARDOUIN, fol° 33 et 34, et la
» généalogie des seigneurs de Dombes fait voir qu'il avoit
» espousé, par la faveur dudit Hugues, auparavant son voyage,
» Béatrix *de Chastillon,* fille du seigneur de Dombes, qui depuis
» devint héritière de Jesay et de Mérigny. »

On a tort de regarder les négociateurs en mariage pour
des industriels modernes. Rappelons-nous Madame Ogive
de Luxembourg, comtesse de Flandre, qui, déjà en 1015,
ne dédaigna pas ce délicat ministère, et notons Monsei-
gneur Hugues *de Lusignan*, en 1223, jouant à ce jeu-là.
Pour la seconde fois dans la même année, le vieux *Bauduin* DU CHASTEL, afin d'assister aux fiançailles à Dombes,
laissé sa caisse aux soins d'un garçon fidèle. Les violons
se taisent à peine qu'il s'agit de partir à Jérusalem. *Henri*
DU CHASTEL vend son Hermaville (il faut s'en défaire
quelque part et sauf son quart de Villers que vendrait-
il ?). Ainsi un croisé de plus dans la maison, deux pos-
térités mâles, l'une à Cassel (Flandre), l'autre dans le
Berry.

De l'examen des dates dans la filiation de ce *Bauduin*
DU CHASTEL n° VII, il paraît résulter que Florence devait
être l'aîné des enfants, que Libert (1223) et Henri (1224)
pouvaient être deux jumeaux, que Gérard était un vieillard
lorsqu'il fut bailli de Cassel. Cinq ans après sa nomi-
nation, le donjon de Neufchastel étant rasé et détruit

après la bataille de Pigny en 1266, ni lui, ni son frère, ne furent en état de relever cette tour, berceau de leurs aïeux. Ce n'était pas l'opulence qui leur manquait, puisqu'ils prêtaient aux gentilshommes et à des têtes couronnées. Dans leurs fastes s'épanouissaient les blasons de leurs alliances : *Villers-le-Preux*, *Nielles*, *Nédon*, *Mottenghien*, *Poix*, *Neuville- Wistasse*, *Borgnival*, *Stalle*, *Brimeux*, *Châtillon*. Entre temps, leurs homonymes artésiens avaient continué à faire le courtage.

Citons quelques-unes de leurs opérations financières :

En juin 1240, Willaume *de Béthune*, sire de Pontrohart, Béatrix *de Hébuterne* sa femme, Willaume leur fils reconnaissent devoir à *Boidin* DE CASTEL - CCC livres parisis à rendre « à sen commandemenz » à Arras, et affectent à cette dette tout ce qu'ils ont, leurs personnes exceptées. Lettres passées devant échevins (Archives communales d'Arras et DU CHESNE, *Maison de Béthune*, preuves, p. 164).

Décembre 1246. Sacent eskevin ki sont, et ki avenir sont, que Willaumes *de Bétune*, chevaliers, sires de Locres et Herbusterne, a vendu à *Boidin* DE CASTEL, borgois d'Arras, XL mencaudées de sen bos, ki siet deriere le kief *(chef)* manoir de Herbusterne, con apele le Cobriel, à kieusir auquel cor ke cil *Boidin* vodra, et à tailler à le Saint-Remi proçaine avenir *(mêmes sources et pagination)*.

Mars 1247. Sacent eskevin ki sont, etc., ke je, Willaumes *de Bétune*, sires de Locres et de Herbusterne ai connut ke Robers *de Gomicourt*, mes hom, a vendu bien et loiaument à *Nicolon de Castel* et à Boidin, sen frère, bourgois d'Arras, les pourfis et les preus de XLII mencaudées de tere kerkié de blé vert, lesquex li bourgois ki dit sont, u aucuns de leur part, doivent faire prendre et recevoir à laoust prochain à venir *(mêmes sources et pagination)*.

1250. *Balduins* DE CHASTEL, homme lige de l'avoué d'Arras, seigneur de Béthune, pour 11 mencauds d'avaine, 1 geline et 1 denier *(Liste des hommes liges et pairs dudit avoué, existant en original aux archives de la Flandre orientale à Gand).*

Sur le vu des titres que j'ai en mains à la disposition du lecteur, voici les noms des maisons de banque d'Arras qui régnaient financièrement : 1195, le Comptoir Bauduin *du Chastel ; —* 1227, Comptoir Piéron *Leriche,* citain dudit Arras (demeurant en la cité) ; — 1240 à 1247, Comptoir Boidin et Nicolon *du Chastel ; —* 1242, Comptoir Robert *Crespin,* fils de Robert ; — 14 septembre 1244, Comptoir Audenfroi et Marie *Loucharde,* au quartier Héronval *(in Hondebaldi vico) ; —* 1274, le Comptoir Robert *Crespin,* fils Hermenfroi (1).

Un gentilhomme, dont le coursier eut ses beaux jours et ne montre plus que ses côtes ; un sire à la rapière avariée, au pourpoint déjà disloqué, dont la bourse s'est aplatie, trop promptement toujours, par cruauté de causes diverses dont il a à gémir, s'adresse en ces établissements dans l'espoir d'obtenir les urgentes réparations dûes à son rang et à sa noblesse. En ces maisons là, les infortunes ne touchent guère, l'argent n'a pas d'entrailles. Il n'est point de concessions que ces marchands de *monnoie* n'arrachent à leurs victimes encore trop obligées, soit qu'ils les entraînent à engager tout ou partie de leurs biens avec tous les chapons de leur basse-cour, avec tout

(1) M. le baron KERVYN DE LETTENHOVE dans son *Procès de Robert d'Artois* et dans son *Histoire de Flandre,* tome 2, p. 332 et suivantes, le barôn a porté, sur les *Louchart* et les *Crespin,* le jugement qu'ils méritent. Il garde le silence sur les DU CHASTEL, de 1195 et 1247, et sur Pierron LERICHE, de 1227, apparemment parce qu'ils n'ont pas prêté le flanc à la critique. Quant à *Garet,* un autre chef de comptoir *auquel l'enfer réserve ses délices,* je ne retrouve pas ce que j'ai lu sur son compte, à savoir qu'on criait *gare,* ou *garez,* à ceux qui allaient frapper à sa porte, d'où GARET par éloignement de ce souvenir.

ou partie de leurs preus ou blés verts, ou qui plus est, ce me semble, à prendre, à femme, une *Loucharde*. N'a-t-on pas vu, en ce même récit, un *de Saint-Aubin*, une Eve *de Neuville-Wistasse*, un *d'Inchy*, un Antoine *d'Antoing*, pour exemples d'une résignation qui ne réservait pas même leurs corps ? C'est qu'une nécessité brutale et sans réplique a pu, dans tous les temps, faire aller un chevalier *chez ma tante Dumont* (de piété), comme on dit de nos jours, car les comptoirs n'étaient pas autre chose que des maisons de prêts sur gages, et, pourtant, leurs chefs, souverains de la finance, auxquels la noblesse seule manquait sinon l'honnêteté, allaient, pour ainsi dire, de pair avec les avoués d'Arras : les comtes d'Artois et de Flandre faisant les aveugles sur les armoiries qu'ils se donnaient, sur les titres qu'ils usurpaient. Leur règne fut de longue durée, car, en 1339, Robert *Crespin* qui servit avec sept hommes d'armes, à la journée de St-Omer, ne voulut avoir aucun gages.

Sed amphora cœpit
Institui, currente rota cur urceus exit.

On avait commencé une amphore, pourquoi le tour mis en marche ne rend-t-il qu'un cruchon ? C'est ainsi que DE GRICOURT critique les morgues chevaleresques de ce *Crespin* (voir : VANDER HAER, *les Chastelains de Lille*, p. 233).

En 1234, 1236 et 1253, à Orchies, vivaient *Thibaud* DU CHASTEL, maïeur de cette ville, se qualifiant chevalier, et *Nicolas* DU CHASTEL. Ce Thibaud donna, à l'abbaye de Flines, sept bonniers de terre et des rentes dites de Cocqugnies (HAUTCŒUR, *Cartulaire de Flines*, pp. 8, 9, 16, 94 et 483). Y avait-il une parenté entre les deux ? Question. Quelle est la famille de chacun ou de tous les deux ? Autre question à laquelle je réponds pour Nicolas que c'est celui de Mars 1247, associé et frère de *Boidin* DU CHASTEL, banquier d'Arras, successeur de *Bauduin* DU CHASTEL du n° VI, de plus, en 1250, l'homme lige de l'avoué d'Arras. On peut déjà remarquer ici que ce *Boidin* ou *Bauduin*, et le *Thibaud* DU CHASTEL susdit ont des tendances de gentilhommerie à la Robert *Crespin*. On va m'objecter que je vais un peu vite à l'égard de *Thibaud* puisque je n'ai pas montré d'où il vient. Voici comme je déduis à son endroit.

Un généalogiste, autant qu'un historien, cherche ses documents un peu partout et tout d'abord ceux qui sont à portée de sa main. Au cours de ses travaux généalogiques nobiliaires, tant d'Artois que de Tournaisis, le chanoine DE VILLERS, archidiacre de Notre-Dame de Tournai, a dû consulter le cartulaire de Flines. C'est là qu'il découvrit le *Thibaud* DU CHASTEL ; mais voyant qu'il ne pouvait l'employer au n° VII de notre généalogie où sa place était pourtant commandée par sa chronologie, ni s'en servir au n° VI occupé déjà par le bourgeois et banquier d'Arras sur le compte duquel il veut donner le change, il ne retint de ce *Thibaud* que le prénom qu'il introduisit au n° V, de 1131 à 1155, sacrifiant ce chevalier de circonstance, plus toléré que licite, à un monde plus tapageur ou plus éclatant, celui de *Libert* et *Jacquemin*, de *Gérard*, d'*Henri*, de *Florence* et *Mélinde* DU CHASTEL. Quand je dis un chevalier toléré, je veux faire entendre que ce *Thibaud* DU CHASTEL, tout bienfaiteur qu'il fut des dames de Flines, serait le frère des susnommés *Boidin* et *Nicolas*. Si je me trompe sur l'origine de ce *Thibaud* DU CHASTEL, d'Orchies, il est certain qu'à l'heure où j'écris les DE BLANGERVAL *aux croisettes recroisettées au pied fiché d'or*, aujourd'hui éteints, ne seraient dans le cas de le revendiquer directement. Même décision pour *Gérard* DU CHASTEL, vivant bailli de Cassel en 1261. Sont-ils d'une seule ou de deux familles, laquelle ou lesquelles ? Question d'avenir (1).

Il faut avouer que le *Bauduin* DU CHASTEL, n° VI, était embarrassant pour le chanoine DE VILLERS, lui qui n'a pas ignoré que c'est un bourgeois d'Arras sans autre qualité. En effet, c'est par DU CHESNE qu'il le connaît, puisqu'il l'avoue. Comment se fait-il qu'il s'en empare pour en faire un seigneur de Villers-le-Preux, Hermaville, Courrières, Cheville (Chapelle-lez-Poix?) Quand cela ne coûte pas

(1) La terre de la Howarderie (Howardries, Hainaut, Belgique) a eu, dès son origine féodale, des sires de son nom auxquels les *de Lalaing* s'allièrent et succédèrent. Un éclissement des plus probables vers le milieu du XIIIᵉ siècle (1230 à 1245) fut le résultat de faire du château et de ses dépendances foncières une seigneurie nouvelle et distincte de celle du fonds terrier. Le morcellement se fit au profit des *du Chastel*, mais ils durent renoncer à prendre et porter le nom du lieu pendant tout le temps qu'il appartint aux éclisseurs et à leurs hoirs, c'est à dire plus de trois quarts de siècle après. Ainsi s'expliquent la présence de *Thibaud* DU CHASTEL en la maïeurie d'Orchies 1234, 1236, 1253, car Orchies touche à Aix-en-Pévèle qui touche à la Howarderie ; — celle d'Alard, sire du nom de *Howarderie* en 1245 [*Notice sur deux manuscrits du British Museum* (par Noël VALOIS), lesquels sont des Cartulaires de l'abbaye des Près en Douai, Paris, 1881, chez Alphonse Picard, brochure in 8°, pages 37 à 42]; — celle de *Gérard* DU CHASTEL, bailli de Cassel en 1261, qui va avoir son article à part ; — celle de Jean *de Lalaing* et d'Isabeau *de la Howarderie*, sa dame, vivants en 1297, père et mère de Gérard *de Lalaing*, chevalier, sire de la Howarderie et grand bailli de Hainaut, vers cette même date. Ce cumul de maïeurie et bailliages chez les hôtes de maisons si voisines est digne de remarque s'il n'est significatif.

Parlant des baillis de Cassel, DE L'ESPINOY dit (p. 231 et 232) : « ceux » qui ont desservy ledit office, ont esté prins et esleus des plus nobles et » sages chevaliers et escuriers de ladicte comté de Flandres, comme fut » Messire Henry *de la Haye*, chevalier, en l'an mille deux cent huictante » quatre, etc., *après succéda* GEERAERT DU CHASTEL, ou DE CASTRO, » en l'an mille deux cent soixante et un (c'est donc une succession en » remontant au lieu de descendre, à moins qu'il n'y ait eu faute d'impres- » sion), lequel audit temps, en cette qualité, assista avec Hugues, chastelain » d'Ypres ; Henry *de Morselle* et autres nobles de Flandres, où Wautier, dit » *de Schaffe*, et Béatrix son épouse, vendirent, au chapitre d'Haerlebeck, une » dîme sise dans les limites de la paroisse de Morselle, comme se voit par » lettres de Lambert de Rooenbecke *de ladite année ;* depuis se voit un mes- » sire Jacques *de Leval*, chevalier, en l'an mille trois cent nonante neuf, etc. » De ce qui précède, il reste incertain si Gérard était *qualifié* en 1261.

Le mariage entre maisons d'officiers de même emploi est de légitime

plus cher et qu'on a deux raccordements à opérer en avant et en arrière, on se tire de la difficulté au même prix, en faisant violence à DU CHESNE sur le n° VI, et à DE L'ESPINOY sur le n° VII. Cette façon d'agir n'empêche en rien de conclure que les numéros ou degrés, I à VII inclus, de la généalogie signée P. DE WALDENCOURT, sont à retrancher d'une manière absolue. C'est le point d'arrêt pour aujourd'hui.

Alors que, pour être plus à l'aise et moins à découvert,

croyance, donc point d'inconvénient sérieux à admettre celui de *Gérard* DU CHASTEL, bailli de Cassel, avec la parente, déjà éloignée, de Gilles *de Machlines* (Machelen-lez-Deynze), plusieurs fois bailli de Gand avant février 1268 (nouveau style), *pluries baillivus Gandensis,* comme disent des lettres de non préjudice de la comtesse Marguerite, rapportées au *livre blanc,* fol° 92, archives de ladite ville de Gand. Malgré les fréquentes vacances dans ces offices, bien qu'il y en ait une plus que séculaire entre Henri *de la Haye* et Jacques *de le Val,* 1284 à 1399, je n'ai pas à y prendre garde pour pouvoir affirmer qu'Henri *de la Haye* fut le successeur immédiat de *Gérard* DU CHASTEL au bailliage de Cassel. Quand celui-ci cessa sa fonction, Gérard *de Lalaing,* sire de la Howarderie, était bailli de Hainaut. Cette synonymie de prénoms ne peut pas plus être fortuite, à mon avis, que l'alliance avec les sires *de Machlines,* ou plutôt avec les *d'Ayshove,* également sires de Machlines par le nom plutôt que par le fait. Cette famille des sires *d'Ayshove* dits abusivement les *de Machlines* pendant tout le temps que ceux-ci, les premiers de ce nom, sires de Wittham-lez-Bersele, ne se confondent pas avec les *de Bernaige,* ou les *de Baronage,* baillis de Gand, qui les supplantent dans ce nom vers 1255, portait: *d'or, à deux lions de sable, au canton: d'or, au lion de sable,* et avait, pour cri de guerre, MACHLINES ; les *de Bernaige,* quoique non moins anciens de race, portaient : *d'argent, à trois fasces de gueules, chargées chacune de trois sautoirs d'or accolés.* C'est bien la raison pourquoi le *lion* et le *cri de guerre* se retrouvent aujourd'hui dans les armes des DU CHASTEL DE LA HOWARDERIE.

Gérard DU CHASTEL, ancien bailli de Cassel, en 1285, époux de N..... *d'Ayshove,* dite *de Machlines,* devait être le fils de *Nicolon* DU CHASTEL, frère de Thibaud, chevalier, maïeur d'Orchies, et frère, aussi, de *Boidin* DU CHASTEL, l'homme lige et pair de l'avoué de Béthune, Arras et Tenremonde. Il devait être le père de *Colard* DU CHASTEL, vivant en 1312, chevalier, seigneur de Vaux ; ce dernier serait père à son tour de *Jean* DU CHASTEL, chevalier, marié vers 1335 à Péronne *de Lalaing,* héritière de LA HOWARDERIE, d'où ce nom serait arrivé à leurs enfants. La lignée de *Boidin* DU CHASTEL, susdit, ferait celle des DE BLANGERVAL en 1550. Ainsi se déroule l'écheveau qui tenait entrelacées dès leur berceau commun ces deux familles, pourtant bien distinctes entre elles, quand on veut les suivre attentivement jusqu'à nous.

les généalogistes dont je scrute l'œuvre mettent dans la nuit des temps, c'est à dire de 1015 à 1195, le berceau de leurs DU CHASTEL, j'invite le lecteur soucieux d'en aper-cevoir la trace à la chercher avec moi dans chacune des seigneuries de VILLERS. Je commence par celles qui sont aux alentours d'Hermaville dont la dîme fut donnée deux fois, on s'en souvient, à l'abbaye d'Etrun d'abord, puis à la chapelle fondée en l'église du VILLERS-LE-PREUX que nous cherchons toujours. J'entreprends donc la somme seigneuriale en chacune de ces terres quand elle en a une.

Villa, habitation rustique, terme latin tant de fois répété dans les noms de lieux, indique une agglomération de colons près d'un bois (*Villers-au-Bois*), près d'une pâture (*Villers-Brulin*), près d'un lieu déjà connu (*Villers, lez-Cagnicourt*), près d'un château (*Villers-Castel*, ou Châtel), près d'un flos ou marais *Villers-au-Flos*), près d'un hôpital (*Villers l'Hôpital*), près la demeure d'un grand seigneur (*Villers-sire-Simon*). Voilà tout ce qu'il y a de *Villers* en Artois.

Tout d'abord VILLERS-AU-BOIS est un fief ou une ma-ïeurie appartenant à l'abbaye du Mont-Saint-Eloi. L'abbé y a un avoué chargé de la protection et de la défense de ses droits seigneuriaux. Je crois voir cet avoué dans l'acte que voici : « Sacent, etc., Ke Jehans de Goy (Gouy-
» Servins), chevaliers, et Jehans *de Souciel* (Souchez),
» chevaliers, et *Robert* BRISE-ESPÉE DE VILERS, et
» Bauduins *Bridous del Maisnil* (du Maisnil-lez-Ruitz),
» et Colars *del Carieul* (du Carrieul en Souchez), et
» Eubert *Clingnel* de Carenci, et Gilot, dit *Barlet*, de
» Carenci, ont connut Kil ont fait leur propre dete pour
» mon signeur Willaume *de Keu*, chevaliers de Carenci,
» envers Robert *Crespins*, bourgois d'Arras, fils de
» Robert, de LX livres parisis à rendre audit Robert
» Crespins. Fait en MCCXLII, el mois de décembre. »

DU CHESNE, *Maison de Béthune*, preuves, page 373. — Ce *Brise-espée* nommé ici en compagnie de chevaliers et personnages éminents de la contrée où est son fief me paraît être tout autre chose qu'un DU CHASTEL: c'est un sabreur de la descendance des *de Villers-au-Bois*.

A VILLERS-BRULIN, le feu n'a jamais pris à la demeure seigneuriale du XIe au XIIe siècle, comme le croient certaines bonnes gens de ce pays, puisqu'on n'en connaît aucun sire pour en commencer la série. Dans l'idiôme latin, *Villa Brulei* indique un ensemble de maisons dans ou parmi un pré, BRULEUM *id est* PRATUM; *Villa Brulei*, c'est *Villers-le-pré* ou *du pré*. Ah! par exemple, si notre chanoine DE VILLERS, si D'ASSIGNIES, ont lu ou ont vu un *preux* pour un *pré*, cela ne donne pas corps et âme à leur *Jean* DE VILLERS-LE-PRÉ, cela ne le rend pas plus brave, ni plus châtelain en ce lieu sans la permission d'un titre *sui generis* (1).

Si l'une des seigneuries du nom de *Villers* devait se prêter à devenir un nid aux DU CHASTEL, on le devinerait à VILLERS-CHATEL. Cependant, je crois qu'il n'en est rien du tout, que ce serait là une supposition même témé-

---

(1) « Villers–Brulin, 27 juin 1883. Monsieur et cher ami. Je me suis
» occupé des recherches, objet de la lettre que vous m'avez adressée et
» c'est ce qui explique mon retard à vous répondre. Je n'ai pu rien recueil-
» lir de précis. Aucune trace chez moi des seigneurs sus-nommés. Leur
» résidence était, probablement, Villers-Châtel, petite commune située à
» 600 mètres de Mingoval, et dont elle est annexe. Là est un château,
» ayant appartenu jadis à M. le baron du Quesnoy. Une tour nouvelle-
» ment restaurée, et que l'on croit remonter vers l'an 1100, existe encore.
» C'est tout ce que l'on sait, aucun papier n'existe, et Thibault *du Chastel*
» est totalement inconnu, soit que l'on consulte la tradition ou les écrits.
» — Dans les archives de l'église, aucune trace qui marque la munificence
» dont vous parlez (c'est à dire la fondation et dotation de chapelle), tant
» à Villers-Chastel qu'à Villers-Brulin.
« Cependant j'ai, dans mon église, une pierre qui, m'a-t-on dit, datait
» du XIe siècle et qui pourrait bien, ou plutôt aurait pu, nous mettre sur
» la voie, si cette pierre n'avait pas servi de marche-pied depuis long-
» temps; elle est, aujourd'hui, complètement illisible. Voilà ce que je sais
» et je regrette réellement de vous être si peu utile en cette occasion.
» *Signé* BOITIAUX, curé de Villers-Brulin. » Adressé à l'auteur.

raire, car les noms de lieux étant un fruit de l'occupa-
tion romaine antérieure de huit ou dix siècles, pendant
lesquels les familles n'étaient connues que par les prénoms de leurs chefs, *Villers-Châtel* doit son nom à une
forteresse devançant d'autant l'arrivée des DU CHASTEL
en Artois s'ils eurent jamais besoin d'y venir. *Villers-
Châtel* était sous l'aile d'Aubigny où avait régné comme
châtelain, en 1189, Bauduin *d'Aubigny*, surnommé Miet-
che, possesseur d'Oppy qu'il avait inféodé au chevalier
Hoston (GUIMAN, *Cartulaire de Saint-Vaast d'Arras*,
p. 566), possesseur aussi de Quierry (la Motte). A
Bauduin *d'Aubigny*, succéda son fils, Hugues Tacons
d'Aubigny, dont les vassaux étaient nombreux, parmi
lesquels *Bauduin* DE VILERS, *Gannelon* DE VILERS,
vivants en 1212, et *Ereste* DE VILERS, vivant en 1231, que
je n'hésite pas à dire, tout de suite, sires de Vilers-
Châtel (1). Comme justification, il me suffit de l'analyse de
trois titres: Le premier, en français, du mois de mars
1212, est une vente par Bernard de Quiéry, chevalier,
avoué de la ville de Pont en 1229 (GUIMAN, *Cartulaire
de Saint-Vaast d'Arras*, page 478), vassal de Hugues
Tacons *d'Aubigny*, de 42 rasières de terre à Quiéry et
d'un franc-manoir audit lieu, chargés d'une rente envers

(1) De ce que les sires de Villers-Brulin ou, si l'on veut, de Villers-le-
Pré, sont inconnus de 1100 à 1200, il n'en résulte pas forcément qu'ils
n'aient pas existé. Il me semble que le trio que font BAUDUIN, GANNELON et
ERESTE répond à celui de *Villers-Châtel*, de *Villers-Brulin* ou le Pré, et de
Villers-sire-Simon, en les y plaçant dans ce même ordre à leur date res-
pective. Celui qui ressemble le plus à notre *Bauduin* DU CHASTEL, seigneur
de Villers (n° VI), c'est Bauduin *de Villers-Châtel*. Il est à remarquer qu'ils
étaient contemporains, 1195 et 1212, seulement l'un s'appelle *de Villers-
Châtel* et l'autre *du Chastel de Villers*. J'ai vu des noms de famille faire
leur maladie sans laisser cette différence que l'un comptait sa dîme,
l'autre ses écus. La dérogation à noblesse consistant absolument dans les
moyens de les amasser. Pour Ereste *de Villers*, je le crois le père de sire
Simon dont il est question ci-après; en un mot je crois les trois *de Villers*
susdits de la même famille et en permanence au château de Villers-
Châtel jusqu'à acquisition des deux autres.

celui-ci d'un éperon doré et de 5 sols parisis. La vente se passe au château d'Aubigny devant les hommes féodaux du suzerain qui sont Gilles *de Maingoval;* Gillon *de Berlette;* Huistasse *de Estraele* (Estrée Wamin); Isengrin *de Hestrus;* Gannelon *de Louwes* (Loueuse ou Lohez); Nicolon *de Tenques;* Robache *de Tencques;* Engherran *Rame,* de Kiéry; Gannelon DE VILERS; Manessier *de Savie;* Jakemon *de Savie;* Estevenon, prevost-le-comte de Saint-Pol ; Robert *de Kiéry;* Bernard *Rose,* de Kiéry (ARCHIVES DU PAS-DE-CALAIS). — Le second titre, en latin, aussi de mars 1212, aussi passé au château d'Aubigny, est une ratification, par le prédit Hugues Tacons *d'Aubigny,* d'une vente de la dîme de Tencques qu'ont faite ses vassaux, Marc *de Béthonsart* et Bauduin DE VILERS à l'église de Marie de la Brayelle d'Annay (*Cartulaire de cette abbaye,* BIBLIOTHÈQUE D'ARRAS), devant leurs pairs, féodaux dudit suzerain, lesquels sont Ganelon DE VILERS, Hugues *de Bétencourt* (lez-Tencques), Gillon *de Maingoval,* Gillot *de Berlette,* Aubert *de Longawalle* (Longueval), Gontran *de Savie,* Eustache *d'Etrée,* Ganelon *de Louwez,* etc.). — Le troisième, enfin, de décembre 1231, en latin, est l'approbation par Robert, avoué de Béthune et Tenremonde, de la vente que Hugues *d'Antoing,* sire de Harnes, et Philippe *de Harnes,* sa femme, ont consentie à ladite abbaye de Brayelle de leur terre de la Wastine, lez-Doulieu, paroisse d'Estaires en Flandre. Les co-signataires sont Bauduin *du Bos* (Bois-Bernard) et Théobald *de Vimy,* chevaliers, Robert Grimberges, Bernard *de Nemore* (du Bois), Jean *de Bauvign* et Ereste DE VILERS. La persistance de ce personnel de témoins en la confection de ces actes me semble suffisamment concluante.

A VILLERS-HENDECOURT, lez-Cagnicourt, règnent des sires du nom de VILLERS et aussi *Hendecourt* et *Villers* réunis, selon que ces deux terres font une ou deux sei-

gneuries. En 1167, Jean DE VILLERS tenait, de St-Vaast
d'Arras, un fief à Haucourt, Saudemont et Acq, qu'il
avait sousfieffé à un certain Wautier. Celui-ci, par le consentement d'Aalix, sa femme, de Bauduin, son fils, de
Foulques, son frère, ayant remis ce fief audit Jean, son
suzerain, à son tour ce seigneur en fit la remise à ce
monastère (GUIMAN. *Cartulaire de l'abbaye de Saint-
Vaast d'Arras*, pp. 339, 592). C'était là une affaire de
famille, car, très vraisemblablement, ce même Foulques
de Villers, quinze ans plus tard (1182), signait avec le
connétable de Flandre, Michel *de Boulers*, l'acte d'un don
de 4 marcs, au profit de St-Vaast, sur la terre de Mois-
lains en Vermandois (GUIMAN. *Cartulaire, etc.*, p. 553)
En 1189, apparaissent, dans ces deux terres, les *de Hendecourt* du nom en la personne de JACQUES, *miles* DE
HENDECOURT, qu'une décision de Jean et Siger *de
Wancourt*, ses suzerains, oblige à cuire son pain dans le
four de Saint-Vaast, au lieu de celui qu'il a fait construire.
Parmi les hommes dudit Jacques figure Asson *de Hendecourt*, l'un des siens bien sûr (GUIMAN. *Cartulaire, etc.*,
p. 564). Ces *de Hendecourt* de Villers se retrouvent
encore, en 1202, dans des circonstances plus intéres-
santes. Ils se préparent à la croisade, ensemble, ils
traitent des frais nécessaires à l'exécution de ce pieux
projet. Ils arrêtent de vendre, à Saint-Vaast d'Arras, leur
avouerie de Vaux-sur-Somme. Jean, seigneur de Hendecourt et de Villers, et Lucie, sa dame, tous deux portant
déjà, sur leurs habits, la croix dominicale, vont partir pour
Jérusalem, dame Helvide, veuve deux fois, d'abord de
noble homme Achard, ci-devant seigneur de Hendecourt
(et, j'ajoute, d'Ablain-Saint-Nazaire), ensuite de Gautier,
prédécesseur en la terre de Hendecourt dudit Jean, ci-
dessus, qui pose l'acte de vente et a, pour épouse, la fille
de cette même Helvide, héritière de la terre et domaine
de Hendecourt; Eustache, fils d'Helvide, sire dudit Hen-

decourt, paré lui aussi de la croix dominicale; dom Gautier, abbé du Mont-Saint-Quentin, frère dudit Eustache: voilà pour ce monde d'élite concourant à l'acte! Comme Saint-Vaast a déjà la moitié de cette avouerie par acquisition qu'il en a faite de Noble homme Druon *de Sailly* (au bois) et de Jean, son fils, la fin de la charte apprend au lecteur que les fils d'Helvide, à savoir Eustache, Philippe, Mathieu, et ses filles, Amida, femme du seigneur Hugues *de Beaumetz*, et Ada, ont déjà procuré leur consentement (1). En mai 1216, c'est le nom de VILLERS qui a repris le dessus au pied de la charte d'Oisy, octroyée aux habitants de cette seigneurie, par Jean *d'Oisy*, châtelain de Cambrai. Les co-signataires, tous du voisinage de Villers-Cagnicourt, sont Bauduin *d'Auberchicourt*, Alart *de Sauchy*, (l'Estrée), Simon *de Roucourt*, Jacques *de Marquion*, Pierron *de Lambres*, Landry *d'Allues* (Arleux), Simon *d'Oisy*, Huon DE VILLERS, Alart *de Paluel*, Landry *de Sauchy* (Cauchie), Engueran *de Hainecourt* (Hendecourt?), Pierron *de Douay*, Watier *de Gueulzin*, Simon *de Bourlon*, Huache *de Bussy* (Baralle), (ARCHIVES DU PAS-DE-CALAIS). Après avoir considéré que *Villers Cagnicourt* aura pu emprunter quelque part de *prouesse* à Monchy-le-Preux, dont il est assez voisin, il pourrait lui aussi passer pour *Villers-le-Preux*.

---

(1) GUIMAN. *Cartulaire de St-Vaast d'Arras*, p. 562. Simples extraits: « JOANNES, dominus *de Hondecourt* et *de Vilers*, et LUCIA uxor ejus, dominica cruce signati et ierosolimitanum iter arripturi — domina HALVIDIS, vidua nobilis ACHARDI quondam domini de *Hadecort* et quoque vidua GALTERI prædecessoris JOANNIS qui loquitur et cujus HALVIDIS filiam hæridem terræ et dominii de *Hondecourt* duxit in uxorem; EUSTACHIUS, filius Halvidis, dominus *de Hadencourt*, dominica cruce signatus; dominus GALTERUS, abbas de Monte Sancti Quintini, frater prædicti EUSTACHII advocaturam vallis super summam abbati Sancti Vedasti vendiderunt — approbatio JOANNIS — medietatem advocatura hujus jam ecclesia Sancti Vedasti acquisiverat a viro nobili Drogoni *de Sailly* et JOANNE filio ejus — filii HALVIDIS, EUSTACHIUS et PHILIPPUS et MATHÆUS, et filia AMIDA, uxor domini Hugonis *de Belmais*, et ADA præbuerunt assensum. »

Quiconque s'occupe de l'histoire de l'Artois rencontre presqu'un peu partout les sires de Beaumetz, châtelains de Bapaume. Villers-au-Flos par sa proximité des remparts ne dut avoir d'autres seigneurs que les maîtres de cette ville. On vient de voir par Hugues *de Beaumetz*, ci-dessus, que même Villers-lez-Cagnicourt lui appartenait aussi en partie, *causâ uxoris*. Quant à Villers-l'Hopital, il se dépayse un peu trop de notre sujet et semble n'avoir été qu'une succursale hospitalière d'Auxi-le-Château relevant directement de ceux qui en avaient la hauteur féodale. Je ne crois pas que nos du Chastel aient quelque chose à y voir.

Deux seigneuries de l'Artois ont retenu à elles le prénom de l'un de leurs chevaliers; ce sont Bailleul-sire-Berthoud et Villers-sire-Simon. De la première, il me serait aisé de faire, du xiiᵉ au xiiiᵉ siècle, le tableau quasi complet de son monde historique, il n'en est pas de même de la seconde. Dans celle-ci, je ne trouve mon sire *Simon* de Villers qu'en octobre 1241, il est bailli d'Artois, et comme tel, il donne des lettres de révocation de saisine au profit de l'abbesse de la Brayelle en Annay, contre le chapitre de Saint-Géry de Cambrai au sujet de la terre de Contehem (Contre-Hem-Lenglet) (1). En mai 1248, *Simon* de Villers, toujours bailli d'Arras, devenu chevalier, accepte l'arbitrage avec Hugues *d'Antoing*, siré d'Espinoy et de Harnes, sur divers points litigieux dans les marais de Noyelles-Godault entre Bauduin *de Cuincy* (Prévôt) et l'abbaye du Mont-Saint-Eloi (Archives du Pas-de-Calais). Ainsi, le nom de Villers-sire-Simon ne peut dater que de la moitié du xiiiᵉ siècle, ce qui ne prive pas sire Simon de sa descendance des de Villers primitifs et d'exclure, par eux, les du Chastel en cette terre. Dans

---

(1) Ces lettres seront imprimées prochainement dans la *Cartulaire de la Brayelle.*

quel VILLERS, donc, *Godefroi* DU CHASTEL, *du n° II,
grand forestier d'Ardennes,* a-t-il apporté, vers l'an 1015,
son bonnet de nuit sur la couche de Berthe DE VILLERS
déjà riche de Courrières et bientôt féconde en gens d'agio?
La réponse ne me paraît pas facile, car les DE NEUF-
CHASTEL ne sont pas admissibles ici (1).

A propos de Courrières, voilà bientôt cinquante ans
qu'on a écrit pour la première fois, et qu'on répète chaque
année dans les almanachs, ce trait : « *Cette terre fut
« longtemps dans la maison de* DUCHASTEL, *1132, elle
» passa ensuite dans celle* DE HARNES, *1185.* » Deux
faussetés sur lesquelles j'ai protesté et je proteste, demandant une pièce à conviction de 1015 à 1261, faisant ladite
pièce entrer Courrières en tout ou seulement en partie
dans une maison dite DU CHASTEL. De quels DU CHASTEL
de ce bas-monde veut-on parler? Consulté sur Courrières
par son collègue, M. GUILMOT (auteur réel bien qu'ina-
voué du fond principal des *Petites histoires de Flandre
et d'Artois),* M. GOETHALS aura répondu par un extrait
du travail de VAN BERCKEL dont il avait une copie. C'est
cette copie qu'il dit avoir respectée et s'être borné à la
compléter par des documents certains. Voyons de quelle
manière : « *Bauduin* DU CHASTEL (n° VI), seigneur de
» Villers, d'Hermaville, de Courrières et de Cheville,
» épousa Eve, tante d'Eustache, seigneur de Neuville,
» chevalier, qui contribua généreusement à la fondation
» de l'abbaye du Verger, *ainsi que Bauduin* DU CHASTEL ;
» *Guillaume, seigneur de Béthune, et Hugues, comte de
». Saint-Pol, 1197.* » (ANNALES DE L'ACADÉMIE D'AR-
CHÉOLOGIE DE BELGIQUE, première série, tome XVI, page
211). — Vous ne saviez pas pour quel motif Elbert (ou

---

(1) Voir un bienheureux Jean DE NEUFCHASTEL, *B. Joannes* DE CASTRO
NOVO, qui reçoit 500 marcs sterling pour sire Adolph, comte *des Monts
(de Berg)* païés par le duc Jean *de Brabant* à cause de « *l'achapt de la
duché de Limburg* » (BUTKENS. *Trophées de Brabant,* fol° 115 des preuves).

Ibert) *de Carency* emprunta, du banquier Bauduin *du Chastel*, la somme de 600 livres ? Eh bien ! M. GOETHALS vous apprend que c'est pour fonder l'abbaye du Verger. Non pas au nom de l'emprunteur qui reste derrière le rideau, mais en celui d'Eustache *de Neuville*, ainsi que (conjonction impayable ici) *Bauduin* DU CHASTEL, le prêteur, Guillaume *de Béthune*, Hugues *de Saint-Pol*, et pourquoi pas aussi les cautions ? Il faut des documents certains pour parler ainsi.

C'en est assez, pour aujourd'hui, sur ce fragment généalogique, enfant de quatre ou cinq pères, né en 1859, par conséquent majeur de plus de 21 ans. Malheureusement pour lui, si le dernier mot reste à DU CHESNE sur l'article du prédit Bauduin, quel que soit l'emploi donné à la somme empruntée, il n'a plus pour longtemps à vivre.

Boulogne-sur-Mer, — Imprimerie SIMONNAIRE & CIE, 5, rue des Religieuses-Anglaises.

ON TROUVE A TOURNAI (Hainaut)

chez M. Vasseur-Delmée :

1° **Notices Généalogiques Tournaisiennes,**
à 2 fr. 50 la livraison. Cet ouvrage, dont deux
volumes sont parus, sera complet en 45 livraisons.
On ne souscrit qu'à l'œuvre entière.

2° **Le Livre noir du Patriciat tournaisien.**
Prix : 3 fr.

3° **Généalogie de la Famille DE BAIL-
LIENCOURT, dite COURCOL.**
Prix : 8 fr.

www.ingramcontent.com/pod-product-compliance
Lightning Source LLC
Chambersburg PA
CBHW060743280326
41934CB00010B/2338